8 J Pau
465

LA

QUESTION D'ORIENT

DEVANT

L'EUROPE DÉMOCRATIQUE

PARIS

E. DENTU, LIBRAIRE

PALAIS-ROYAL, 15, 17, 19, GALERIE D'ORLÉANS

—

1886

Pièce
8° J

LA
QUESTION D'ORIENT

devant

L'EUROPE DÉMOCRATIQUE

LA
QUESTION D'ORIENT

DEVANT

L'EUROPE DÉMOCRATIQUE

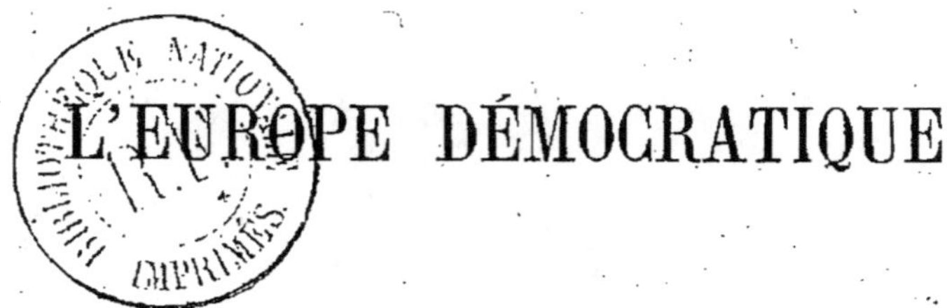

PARIS

E. DENTU, LIBRAIRE

PALAIS-ROYAL, 15, 17, 19, GALERIE D'ORLÉANS

—

1886

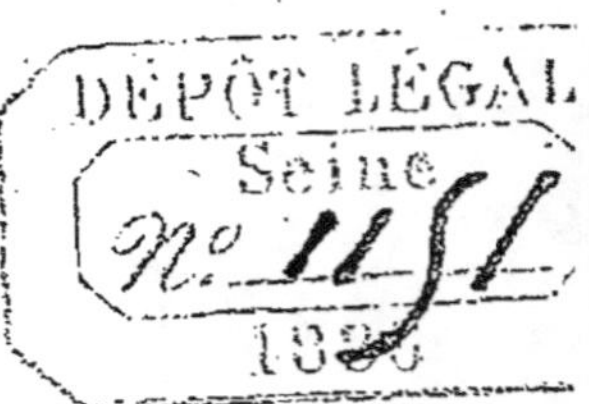

LA

QUESTION D'ORIENT

DEVANT

L'EUROPE DÉMOCRATIQUE

L'Europe toute entière, non plus seulement, comme jadis, l'Europe officielle des chancelleries et des états-majors, mais avec elle l'Europe démocratique des contribuables et des travailleurs, tient, en ce moment, ses regards fixés sur l'Orient, se demandant, avec une fiévreuse anxiété, ce qui va sortir des agitations populaires, des conférences diplomatiques, et peut-être bientôt du choc des bataillons. Plus menaçante et plus obscure que jamais, la question d'Orient s'impose aujourd'hui aux préoccupations de tous, comme un cauchemar vainement écarté et sans cesse renaissant.

Personne ne tente de faire la lumière

dans ces ténèbres impénétrables où se combattent , en se tenant mutuellement en échec, la volonté d'un autocrate, les intrigues du sérail et les vues secrètes d'un grand politique autoritaire. N'est-il pas temps que les principes modernes recevant enfin, sur l'échiquier européen, leur juste application, les problèmes se posent et se discutent ouvertement par et pour les intéressés, et non plus au profit exclusif des empires? Au lieu d'attendre dans le silence, les nations européennes ont le droit de manifester leur volonté souveraine. Le bon sens général a le devoir de s'insurger contre le bon plaisir des princes et de leurs diplomates. La justice peut se substituer à la force, la politique de la paix à celle de la guerre, par la seule affirmation de la volonté de tous, opposée enfin aux violences de quelques-uns, — de ceux qui, traînant à leur remorque des millions de soldats, prétendent imposer au monde civilisé des décisions dont la force seule est la sanction.

Ce que chacun murmure, de Stockholm à Lisbonne, il faut avoir le courage de l'écrire et de le proclamer. L'heure est venue où les diplomates mystérieux, les pêcheurs en eau trouble, doivent céder enfin la place aux mandataires de l'opinion publique, discutant et traitant honnêtement les questions d'intérêt général, exprimant nettement les vœux de toutes les consciences et affirmant sans hésiter les vérités qui s'imposent.

Le moment est favorable : nous pouvons envisager les difficultés pendantes, sans être troublés, comme il y a deux mois, par le bruit du canon. La situation de l'Europe se prête à un examen sérieux de la question d'où dépend pour elle la paix de l'avenir : En Angleterre, le ministère qui préconisait la politique impériale, la politique de conquête et d'ambition, tombé sur une question intérieure, vient d'être remplacé par un cabinet libéral, soucieux des intérêts économiques et ayant pour but avoué de sa politique étrangère les solutions pacifiques. La France, de son côté, ne s'est jamais trouvée sur un terrain plus nettement délimité, en face des questions posées devant l'Europe. Absorbée dans l'organisation de l'ordre démocratique, elle a renoncé à toute visée de politique ambitieuse que ne sanctionnerait jamais le suffrage universel.

A côté de ces deux nations, qui trouvent dans leur constitution même l'expression et la garantie de leurs volontés pacifiques, il y a partout, en Europe, à l'état latent ou déjà investies des responsabilités du pouvoir, des démocraties solidarisées par les mêmes intérêts et les mêmes besoins, aspirant toutes à mettre fin aux menaces qui les troublent dans leur travail et leur libre expansion.

L'Europe est attentive; examinons donc devant elle, en nous inspirant des idées modernes, le problème dont la diplomatie de l'ancien régime cherche vainement la solution.

Que voyons-nous tout d'abord, en jetant un regard sur l'échiquier européen ? Une nouvelle Sainte-Alliance, ligue ostensible des trois empereurs, mettant leurs forces combinées au service d'une paix éphémère; cherchant, au moyen de compromissions, de concessions réciproques, à garantir, pour un temps, l'équilibre européen; se faisant échec l'un à l'autre et n'ayant d'autre but commun que celui de se paralyser l'un l'autre; mais, au fond, alliance de l'Allemagne et de l'Autriche, pour opposer une digue aux ambitions russes et empêcher le grand conflit qui, mettant en présence l'Allemagne et la Russie, serait seul capable d'entraîner la démocratie française dans un de ces mouvements enthousiastes auxquels la sagesse ne tente même pas de résister.

En face de cette coalition qui est la clef de voûte de l'ordre européen actuel, qui garantit pour un instant la paix du monde et s'ingénie à écarter des dangers sans cesse renaissants, nous avons à enregistrer la situation des divers États de création plus ou moins récente, sortis des démembrements successifs de l'empire ottoman. Chacun d'eux prétend avoir des revendications à exercer et peut, d'un moment à l'autre, mettre le feu aux poudres, comme tout récemment la Bulgarie, au lendemain même de l'entrevue où les trois souverains du Nord venaient de resserrer les liens de leur alliance pacifique.

Parmi ces nations, la plus ancienne en date, la Grèce, est la moins satisfaite et celle qui a le moins lieu de l'être ; car elle avait le droit de concevoir des espérances plus grandes au souvenir de l'enthousiasme provoqué par sa résurrection et en présence de la mission que l'Europe entière lui avait donnée, d'attirer, de grouper autour d'elle tous les centres épars de l'hellénisme. L'Angleterre cherche vainement, au nom de l'Europe, à retenir l'élan des Hellènes qui, de leur côté, ne sauraient renoncer à une tâche pour l'accomplissement de laquelle ils trouvent, comme les Italiens, une force dans leur passé historique. La Grèce ne peut vivre dans les limites que les traités récents lui ont imposées. L'extension territoriale est pour elle une nécessité tout à la fois politique et sociale, militaire et économique, que l'agrandissement des autres Etats balkaniques rend encore plus impérieuse. La Crète, les iles de l'Archipel, l'Epire, promises par l'Europe à Berlin, une part dans le démembrement de la Macédoine : voilà le minimum de ces revendications.

A côté de la Grèce, la Roumanie, dont les armées ont si vaillamment combattu sur le Danube et à Plewna : sœur aînée des jeunes puissances des Balkans, la Roumanie est digne tout à la fois de leur servir d'exemple dans l'œuvre de leur transformation moderne, et du bienveillant intérêt de l'Europe.

La Serbie, qu'un consentement unanime a érigée récemment en royaume, ne saurait être aujourd'hui menacée dans son intégrité, ni par les Turcs, ni par les Bulgares : il faut même lui reconnaître des titres sérieux à certaines compensations territoriales du côté de la Bulgarie occidentale et au Nord de la Macédoine, là où se parle sa langue et où s'étend sa race.

La Bulgarie, quoique la dernière venue,

est aussi passée à l'état de nécessité européenne, parce que l'Europe ne peut pas plus reculer au sud, devant les Bachi-Bouzouks d'Osman-Ghazi, que rester ouverte à l'est aux *reconaissances* d'un nouveau Skobeleff. L'union bulgare, faite à San-Stefano, défaite à Berlin, refaite par le coup de force du mois d'octobre, est aujourd'hui définitivement placée sous la sauvegarde de l'Europe. Plus la Bulgarie sera forte, (l'Europe aurait dû le comprendre), et plus la Russie aura à compter avec elle. Les vœux de fusion de la Roumélie orientale avec la principauté de Bulgarie et ceux des Bulgares de Macédoine sont trop naturels pour n'être pas mis à même de se produire, trop légitimes pour n'être point écoutés. Une grande Bulgarie, allant du Danube à la mer Noire et à la mer Egée, serait pour l'Europe la meilleure garantie contre les irruptions du panslavisme.

Les peuplades héroïques du Montenegro, qui ont su conserver leur indépendance et se maintenir inasservies dans leurs montagnes depuis l'époque de la conquête, ont bien mérité de l'Europe chrétienne, qui ne saurait leur refuser la continuation de son patronage.

Les Albanais, tout en ayant fourni au

croissant ses plus vaillants bataillons, n'ont pas abdiqué leur nationalité ni oublié les gloires de Scanderberg. A ces races vigoureuses et fières, l'Europe doit maintenir une place au foyer de la civilisation.

Au point de vue des races des, divisions ethniques et des attributions territoriales à faire par un futur congrès européen, la Macédoine, province sans homogénéité et sans personnalité accentuée, offrira toujours au diplomate comme au géographe un champ de discussions interminables. Les enchevêtrements des races, des langues et des religions y rendront impossible une solution nette et irréprochable; il y aura toujours quelque chose d'arbitraire dans le parti que l'on prendra à son égard; mais on devra chercher à faire à chacune des nationalités qui la composent et l'entourent, la part la plus équitable possible, lors du démembrement inévitable.

A côté des provinces, émancipées ou non de l'empire, la capitale historique, Constantinople, le siège du gouvernement, la résidence du khalife offre à résoudre un problème plus difficile encore. La convoitise des grandes puissances, les ambitions démesurées des nationalités affranchies, ont placé depuis longtemps déjà sur le Bosphore le nœud de la question orientale. Skobeleff l'aurait tranché par un coup de force, si l'Europe ne l'avait point arrêté. C'est à l'Europe maintenant de le dénouer pacifiquement..

La Turquie n'est européenne que de nom et par la tolérance toute récente des grandes puissances ; par ses assises et ses forces vitales, elle est asiatique et africaine. La rejeter au-delà du Bosphore serait évidemment la plus simple et la plus rationnelle des solutions. Elle ne doit pas continuer à troubler l'ordre européen, qu'elle ne comprend même pas ; elle ne doit pas être une cause d'arrêt pour la civilisation qu'elle n'a jamais su s'assimiler. La relégation des Osmanlis en Asie : voilà ce que tout Européen, en dehors des cercles diplomatiques, considère comme juste et nécessaire. — Mais nous trouvons, dans les faits contemporains, la preuve de la sagesse des solutions mixtes et moins absolues. Nous avons vu l'Italie victorieuse reconnaître à Rome l'utilité d'une politique modérée, en offrant au Saint-Père, par sa loi des garanties, un *modus vivendi* honorable. Les Italiens, plus sages encore qu'ambitieux ont donné, en 1870, un exemple au monde. Le conflit entre le Vatican et le

Quirinal dure depuis quinze ans, mais le rapprochement se fera, en dépit de certaines protestations obligées, et déjà la cohabitation, malgré les exagérations du règne de Pie IX, ne paraît plus impossible; il ne s'agit plus, pour faire accepter aux catholiques les sentinelles italiennes aux portes du Vatican, qu'à trouver au Saint-Père un séjour d'été, un Monaco nettoyé et neutralisé au profit de la papauté.

Pourquoi n'appliquerait-on pas au Chef des Croyants un régime analogue ? Pourquoi ne pas conserver à Constantinople sa poésie orientale, sa grandeur impériale, après avoir mis le sultan dans l'impossibilité de nuire en attirant sur notre continent rédifs et bachi-bouzoucks ? Qu'on lui accorde le droit de conserver ses palais du Bosphore, sa résidence d'Yldiz, de protéger les populations turques concentrées à Stamboul et sur les Détroits, lui laissant toute sa puissance en Asie, lui enlevant pour toujours les moyens de troubler l'ordre européen. Quel avantage immense pour nous de conserver le chef des croyants comme une sorte d'otage et d'introduire par lui, peu à peu, le progrès en Asie et en Afrique parmi ces nations de l'Islam qui, au milieu du progrès

général sont restées stationnaires, en dépit
de leur honnêteté et de leur intelligence.

Cette solution mixte est plus facile à obtenir que l'autre, et, en serrant la question
de plus près, peut être, — nous venons de le
voir, — considérée même comme plus utile. Il
y a, pour l'Europe, un intérêt indéniable, et
à rester en contact avec le khalife, et à peser
sur l'Islam entier par son influence. Le danger n'est pas dans le fait de la résidence
européenne du sultan; il est tout entier dans
l'intervention que le fanatisme, excité par ses
ulémas, peut porter à chaque instant dans
la région des Balkans. Une fois le concert
européen bien constitué, le sultan, qui s'est
laissé imposer avec sagesse tous les démembrements désirés, à mesure qu'ils deve-
naient nécessaires, le sultan, qui parfois
même a eu la haute raison de céder sans
être vaincu, acceptera d'être laissé en paix
dans sa neutralité européenne, après avoir
acquis la certitude de n'y être plus menacé
par personne. La différence, entre l'état de
choses actuel et celui que l'on propose d'éta-
blir, sera à peine sensible au point de vue de
l'exercice de sa puissance, puisque conser-
vant tout son pouvoir sur les populations
musulmanes, il renoncera seulement à une

autorité limitée et gênée dans son exercice sur les sujets chrétiens qui lui restent encore en Europe, et s'interdira de faire franchir le Bosphore ou la Marmara aux forces indisciplinées dont il n'aura plus besoin, n'étant plus menacé par personne. Il. y a longtemps que les sultans ont su comprendre qu'ils sont en dehors de la grande famille européenne, à laquelle d'ailleurs ils n'ont jamais aspiré à s'affilier. La sagesse qu'ils ont montrée à diverses reprises en consentant à l'émancipation de leurs sujets chrétiens, il la montreront de nouveau lorsque le concert européen leur fera envisager les avantages d'un consentement octroyé de bonne grâce. N'ayant plus à se garantir contre aucun des petits peuples sur lesquels leur suzeraineté n'est plus que nominale, ils n'auront plus que faire de leurs troupes asiatiques, et de même qu'ils ont accordé à toutes les nationalités l'hospitalité de Constantinople, sans les troubler dans l'exercice de leur liberté religieuse et commerciale, ils accepteront à leur tour l'hospitalité de l'Europe.

Si la lutte de ces deux éléments, turc et chrétien, en contact incessant, constitue pour l'Europe un danger permanent, un autre danger, et non moindre, découle de l'ambition illimitée des tzars, qui depuis Pierre-le-Grand regardent vers le Bosphore, et pour y arriver, tantôt se réclament en face de l'Islam, de leur rôle de protecteurs de l'orthodoxie grecque, tantôt se posent en champions de la puissance ottomane, jouant avec elle comme le chat avec la souris, en attendant l'heure de la dévorer.

Tel est, confus et menaçant, l'état actuel de l'Orient ! A qui reviendra l'honneur de faire cesser la menace et d'offrir la solution ? Le grand inspirateur de la politique d'équilibre, l'homme de fer, qui porte dans les protocoles seulement le titre glorieux de « pacifique », n'est même pas, dans sa toute-puissance, capable de maintenir l'ordre parmi les petites nationalités que l'Europe a émancipées. Ne pouvant envoyer ses uhlans pour faire la police dans les Balkans et y exécuter les volontés de la Sainte-Alliance, il ne peut non plus confier la mission ni à l'une ni à l'autre des deux armées que commandent les frères alliés de son empereur. La solution ne peut être ni russe, ni allemande, ni autrichienne, sans déchaîner la grande guerre redoutée, puisque l'alliance à trois a précisément pour but d'enchaîner la liberté de chacun des trois empires associés. Voyons si elle pourrait être anglaise ou italienne ? Inutile de démontrer qu'elle ne saurait être française. La démocratie française n'accepterait pas de courir les hasards et les risques d'une intervention orientale, et d'ailleurs, à l'heure qu'il est, personne ne songe à l'en charger. La solution anglaise ne serait certainement pas acceptée par la Russie : Déjà accusée d'ambitions égyptiennes, de mainmise sur le canal et l'isthme de Suez, ne pouvant braver la Russie, avec laquelle elle a encore à régler les questions afghane et indienne, l'Angleterre, sous quelque ministère que ce soit, ne pourrait faire prévaloir sa solution. Une école anglaise prêche bien l'abandon de Constantinople et conseille de faire des concessions en Orient pour obtenir un compromis en Afghanistan et aux Indes, mais cette école ne saurait imposer ses idées à la masse de la nation anglaise, qui comprend trop bien qu'une désertion sur le Bosphore n'aurait d'autre effet que de fortifier la Russie en vue de ses revendications asiatiques.

Quant à l'Italie, elle a déjà, par l'étendue de ses côtes, par le développement de sa marine marchande et de ses relations commerciales, par ses succès constants et inespérés depuis un quart de siècle, un rôle méditerranéen si prépondérant et si plein d'avenir, que l'Europe ne consentirait pas à lui confier les clefs du Bosphore. L'Orient est déjà trop italianisé par la langue et les rapports maritimes de toutes sortes, pour que l'Autriche, la France et l'Allemagne donnent leur assentiment à une intervention italienne.

Devant cette incapacité des diplomates d'arriver à une solution avec les éléments fournis par les grandes puissances, il faut chercher s'il n'y aurait pas des forces latentes à dégager du chaos vulgairement appelé le *concert européen;* si les petites puissances, en s'unissant, ne présenteraient pas une force utilisable et d'un concours aisé pour trancher la difficulté. Pourquoi la question n'a-t-elle jamais été résolue jusqu'ici? Parce qu'on n'a jamais admis à délibérer, sur sa solution, les plus désintéressés et les plus intéressés tout à la fois, ceux qui pouvaient être les juges et les arbitres les plus équitables des contestations internationales. Dans l'impuissance où l'on est de renouveler la scène du partage de la Pologne, où les copartageants seuls ont été appelés à prendre la parole, il faut reconnaître la nécessité de sortir de cette impasse. Que l'Europe des chancelleries, du militarisme, l'Europe qui délibère d'une façon occulte, comme jadis à Vienne, en 1815, cède le tapis vert à la véritable Europe de la démocratie, celle qui veut travailler en paix et est prête à prendre en mains ses affaires : on examinera alors la situation au point de vue de la paix européenne et non plus au point de vue des ambitions de tel ou tel empire, et l'on trouvera aisément la formule des solutions pratiques.

La souffrance est arrivée à son paroxisme et se manifeste chaque jour par des plaintes menaçantes dans toutes les nations à la fois. La caserne dépeuplant l'atelier, le militarisme épuisant les caisses publiques au détriment de toutes les améliorations et de tous les progrès, l'émulation industrielle remplacée par une sorte de course au clocher dont le but est le perfectionnement indéfini de la force destructive. Tel est le lamentable spectacle qu'offre en ce moment l'Europe entière. Il faut à tout prix le faire cesser sous peine de rétrograder vers la barbarie. Si la situation se prolonge, la société européenne marche aux abîmes.

Pour résoudre le problème du présent,

reportons-nous dans le passé, et cherchons à
nous inspirer des enseignements qu'il peut
nous donner. A diverses époques encore
plus troublées que celle où nous vivons,
dès les temps féodaux, la Ligue hanséatique,
les Compagnies de marchands unis pour
le commerce, nous offrent l'exemple mé-
morable de ce que peuvent faire les hommes de paix et de travail, au milieu même
des plus grandes crises politiques. Plus
tard, au commencement du dix-septième
siècle, un grand souverain doublé d'un
grand ministre avait rêvé, lui aussi, un plan
européen d'équilibre et de pacification ; le
grand dessein d'Henri IV, comme on l'appe-
lait, devait, au moyen de l'arbitrage et de la
coalition des neutres, assurer une base solide à la paix européenne. Ce qui a été
proposé par un des plus grands diplomates des temps modernes, commencé par
Sully à une époque où il n'y avait ni cons-
tantes communications entre les peuples, ni
fraternité entre les races, ni courant démocratique, pourquoi ne pas le tenter aujour-
d'hui ? Pourquoi ne pas poursuivre le même
but, se donner les mêmes ambitions ?

Il y a en Europe une grande puissance à
laquelle on ne s'est point encore adressé et

qui a conscience de sa force : la démocratie qui est appelée à prendre la direction des affaires internationales après avoir réussi partout à soustraire le pouvoir à l'absolutisme des souverains. C'est sur cette force révélée aux consciences populaires et reconnue par les hommes d'Etat qu'il faut s'appuyer dorénavant, pour résoudre pacifiquement les conflits européens. Elle est réelle, elle est solide, et jamais occasion plus propice ne s'est présentée pour la mettre en œuvre.

Il y a, en Europe, un grand nombre de petits Etats, homogènes dans leur diversité de races, fusionnés dans l'unité de leur sentiment libre-échangiste, intéressés à la paix plus encore que les grandes puissances, — car eux n'ont rien à gagner à la guerre et peuvent tout y perdre, même leur existence ; — il y a, du Portugal à la Suède, du Danemark à la Suisse, des forces non utilisées, que l'on n'a jamais mises à profit, des intérêts, que l'on n'a jamais consultés, qui souffrent de l'état de paix armée où nous vivons, et qui, bien inspirés, bien dirigés, pourraient former ensemble une ligue et offrir une force capable de maintenir la paix générale et de fermer l'ère des conflits.

Mais, comment former le faisceau, comles réunir, les grouper ? Qui prendra l'initiative, qui songera à faire servir au bien général les soldats neutres de la Belgique, les héroïques troupes espagnoles, les soldats suisses, jadis mercenaires des plus mauvaises causes, qu'ils ennoblissaient par leur dévouement et leur fidélité ? Qui formera, avec ces éléments désintéressés, une gendarmerie internationale de la paix et l'emploiera en Orient et en Egypte pour le plus grand bien du monde entier ? Qui, parmi les petits Etats, sans y être invité, osera s'insurger contre la routine diplomatique et braver le Bon-Plaisir, aujourd'hui encore maître du monde, pour offrir cette solution rationnelle qui réside dans l'union des faibles, des neutres, et qui n'est que là ?

Supposons que S. M. le roi des Belges, se souvenant que son père fut l'arbitre de l'Europe, conseillé par des hommes qui, comme M. Van Pract et le baron Lambermont ont conservé les grandes traditions du règne de Léopold Ier, supposons que celui qui a eu, en Afrique, la première et féconde initiative de la neutralisation coloniale, de la création de cet Etat libre du Congo, vaste champ d'activité et de travail ouvert à tous les peuples, tende la main au Conseil fédéral suisse, animé des mêmes sentiments pacifiques, imbu des mêmes idées et pénétré des mêmes besoins; que tous deux, après avoir consulté la Hollande et obtenu son concours, viennent offrir leur intervention désintéressée, quelle grande œuvre civilisatrice et progressive ne réaliserait-on pas ! Mais on répondra que cette création d'une force neutre, occupant et pacifiant l'Orient au nom et pour le compte de l'Europe, est idéale et peu pratique, que les petites nations ne peuvent pas prendre cette initiative insolite de se substituer aux grandes puissances.

Si, habituées à être l'enjeu des grandes parties engagées depuis des siècles entre les empires, sans cesse offertes en guise de compensation, la Belgique, la Hollande, n'osent pas s'interposer en tampon permanent entre les combattants de l'avenir, il y a des puissances de premier ordre, l'Angleterre, l'Italie, dont le rôle constant a été la protection des neutres, intéressées, elles aussi, à la paix et au désarmement, qui en s'unissant pourraient être les parrains de cette création nouvelle, et qui, garantissant à elles deux la subvention de l'armée des *constables* imposeraient au prince de Bismarck d'une

part, à la Russie de l'autre, cette carte for-
cée, cette solution vainement cherchée de la
question européenne. Que M. Corti, doyen du
corps diplomatique à Constantinople, en ar-
rivant à Londres, se rende au Foreign
Office et propose une entente de l'Angleterre et de l'Italie, sur la base de la neutralisation de l'Orient, garantie par l'Europe et sauvegardée par les neutres : la solution est acquise ! Le courage et l'inititive de
quelques hommes suffisent souvent pour engager la diplomatie dans des voies nouvelles :
En 1859, Cavour et Mazzini avaient seuls
dans la tête le rêve et le plan de l'unité italienne. La preuve de la possibilité de ces
choses, dans notre siècle, c'est que, en 1865,
le prince de Bismarck a pu, malgré toutes
les difficultés semées sur sa route, concevoir
seul le plan de l'unité germanique, dont il
n'osait même pas confier les espérances à
son illustre souverain? Est-il téméraire d'espérer, avant la fin du siècle la création d'une
confédération européenne, imitée de la confédération suisse et de la confédération allemande? Ne peut-on passer du terrain parti-
culier au terrain général? Si l'on parvenait à
réunir sous la direction et le patronage de
l'Italie et de l'Angleterre alliées, le congrès

des neutres, quel est le Français qui oserait soutenir que le devoir de la France n'est pas d'adhérer à cette œuvre vraiment démocratique, et d'appuyer ceux qui veulent la paix?

Le Congrès réuni, quels seraient les moyens à employer pour réaliser son œuvre? Une signification faite au nom de l'Europe unanime à la Turquie et à la Russie à la fois, et c'est tout.

A la Russie il faudrait faire comprendre que son rôle est de civiliser l'Asie centrale, et non de troubler l'ordre européen ; que l'*Au-delà* de l'Oural est assez vaste pour ses ambitions les plus grandioses, et qu'elle n'y trouverait devant elle aucun obstacle. A l'Europe, il suffirait de montrer que la Russie n'étant actuellement qu'un instrument, une force aveugle entre les mains d'un homme, elle n'est pas une nation dans le sens moderne du mot, mais, encore pour longtemps, un agglomérat de peuples à peine civilisés ou complètement barbares, conduits par la volonté d'un autocrate, et, aux yeux de toute l'Europe, une menace à la civilisation. Proclamer à la face du monde la vérité, dégagée de toutes ambages, à savoir que le tzar ambitieux doit être mis en suspicion, en attendant l'avènement de la grande Confédération russe des travailleurs et des paysans, — voilà le rôle du congrès vis-à-vis de la Russie. La Russie des Romanoff panslavistes est le mal actuel, la cause principale de la Sainte Alliance menaçante, de l'armement universel qui coûte annuellement des milliards et entraîne même les petites puissances neutres comme la Suisse et la Belgique à des dépense militaires disproportionnées avec leurs ressources. Voilà la conviction qu'il faut faire pénétrer dans toutes les consciences, en leur montrant que l'union des petits ferait cesser du coup les nécessités qui s'imposent à eux du fait de l'armement des grands voisins.

Mais alors même que le Congrès aurait fait à chacune des petites puissances composant la Confédération orientale, toutes les attributions désirées par chacune d'elles, le danger des conflits et des troubles dont l'Europe a souffert si souvent, ne serait pas encore écarté tant que les armements auxquels ont donné lieu les convoitises et les menaces actuelles seraient maintenues en Orient. Il faudrait donc que le Congrès limitât les effectifs militaires de chacun des petits Etats orientaux, suivant leurs besoins d'ordre intérieur, et cela, pour le plus grand profit des populations allégées de leurs plus lourdes charges.

En revanche, le Congrès placerait en Orient une force investie d'un mandat européen, pour faire la police internationale et maintenir l'ordre entre les confédérés, si quelqu'un d'entre eux tentait de le troubler.

Après avoir donné à cette légion l'étendard de la paix et le brassard de la croix blanche, où lui faire tenir garnison? à qui en confier le commandement? Ce sont là des questions de détail. Que le principe même soit admis, et la solution est complète ; l'application suivra.

Déjà, en 1867, un homme qui avait étudié longuement la question d'Orient, après avoir décrit la situation et établi les nécessités d'alors, avait émis l'idée d'une Confédération orientale. Un article du général Turr, paru dans les *Débats* du 9 février 1867, fit une grande sensation ; mais l'auteur croyait possible de faire entrer la Turquie dans la Confération en lui maintenant toute sa puissance européenne ; il n'avait pas envisagé le danger qu'il y aurait à réunir au groupe des petits Etats émancipés cette puissance asiatique, ayant à son service des forces supérieures à toutes celles des confédérés.

La Turquie, entourée par la Confédération, ne peut en faire partie elle-même ; la force européenne chargée de maintenir l'ordre entre les confédérés, protégera en même temps le siège du gouvernement et les palais du sultan, devenus une sorte de Vatican de l'Islam, contre ses anciens sujets émancipés. L'Europe fera disparaître, pour chacun des nouveaux Etats, la possibilité et l'espoir de devenir prépondérant en obtenant Constantinople. Constantinople doit rester un terrain réservé, un entrepôt général du commerce, un port ouvert à tous les pavillons. Chacune des petites puissances ayant obtenu ce qu'il aura paru juste au Congrès de lui attribuer, en est-il une seule qui puisse refuser d'accepter le bienfait d'un désarmement relatif et les économies qu'il entraînera? Il y aura là, pour tous, un soulagement financier : les grandes puissances donneront l'exemple du désarmement ; les petits États des Balkans devront cesser d'être conquérants et pourront vivre sur leurs ressources désormais appliquées exclusivement aux œuvres de paix et de progrès.

Mais, encore une fois, cette solution par la neutralisation de Constantinople et de la Confédération orientale, dont personne ne peut contester ni la raison d'être ni les résultats pratiques, est-elle un rêve, une utopie? Qui peut en prendre l'initiative? Si les neutres, d'une part, redoutent les menaces et n'osent pas engager leur responsabilité; si la France, tantôt tenue aux réserves qui la maintiennent depuis quinze ans en dehors des combinaisons diplomatiques européennes, tantôt liée par la politique de certains de ses hommes d'Etat séduits par le mirage oriental, désireux de maintenir toujours ouverte la porte du conflit dont peut résulter la coalition franco-russe; si la France ne veut pas exercer son initiative; si l'Angleterre croit avoir intérêt à faire le sacrifice de Constantinople pour mettre fin aux menaces et arrêter l'avalanche du côté de l'Indus et de l'Himalaya; si l'Italie, attirée par le leurre du Trentin à obtenir de l'alliance des trois empereurs, se désintéresse, elle aussi : l'Europe entière doit et peut, par un élan universel de la presse et de l'opinion publique, se substituer aux gouvernements et faire disparaître tous les empêchements, en en montrant l'inanité. La Presse, dans tous les Etats, représentant l'universalité des intérêts unanimes à désirer la paix et le désarmement, la presse doit démontrer — à la France qu'elle agit à l'encontre de ses devoirs et de ses intérêts démocratiques; qu'il lui faut appliquer à la politique européenne les principes de 89 qu'elle applique à ses questions intérieures ; qu'il est indigne d'elle de se tenir à la merci d'un autocrate et d'espérer que l'injustice des convoitises moscovites puisse devenir le véhicule de sa revanche — à l'Angleterre qu'en faisant une concession à la Russie en Orient, elle ne ferait que la fortifier en Asie ; que d'ailleurs, le principe une fois admis, rien ne serait plus facile que de neutraliser l'Afghanistan et le cours de l'Indus, en donnant à l'empire russe, sur le golfe Persique, un débouché auquel il a droit, et en constituant sur l'Indus une nouvelle commission du Danube, — à l'Italie, qu'une fois l'ère de la justice inaugurée, et les bases de l'arbitrage posées, elle est sûre d'obtenir le versant méridional des Alpes, en suivant la limite des eaux, comme elle y a droit de par les lois supérieures de la configuration du sol. L'Autriche devra lui faire ce dernier sacrifice qui mettra chacun à sa place historique et fera cesser la cause du dernier conflit italo-autrichien, et en échange, l'Italie devra renoncer solennellement, et pour toujours, à Trieste, le débouché naturel de l'Autriche sur l'Adriatique, et accepter le sacrifice, en dépit des affinités de race et de langue qui lui ont fait jusqu'ici un devoir de maintenir la question ouverte.

Toutes ces solutions ne dépendent que de la pression exercée à ciel ouvert par l'opinion publique universelle, qui demande à grands cris la substitution d'un ordre nouveau digne du dix-neuvième siècle, à l'état de barbarie qui se perpétue encore comme un legs néfaste du passé. Quelques voyages de négociateurs accrédités, une réunion à Berne ou à Bruxelles de tous les intéressés, une délibération commune et les résultats les plus importants, les plus précieux sont acquis. Que faut-il pour mettre à exécution ce dessein renouvelé du grand Sully? Une dépense annuelle de 30 millions pour mettre 10,000 hommes de garde en Egypte et 20,000 dans l'ancien empire turc aux points désignés. La volonté de tous, hautement manifestée, suffisant pour empêcher tout mouvement de résistance des ambitions turques ou russes, qui hésiterait à donner ces 30 millions pour économiser chaque année des milliards sur les budgets de la guerre et rendre leur essor aux arts de la paix, en rétablissant la confiance dans les États-Unis d'Europe? Et si, par impossible, le prince de Bismarck ne comprenait pas le rôle glorieux qu'il peut jouer dans ses dernières années, en assurant après lui la paix de l'Europe et le bien général, on peut le mettre au défi de s'opposer à une solution qui serait réclamée et acclamée de tous. Il y ternirait sa gloire à la face du monde civilisé. Que celui qui peut tout en Europe s'inspire de ces idées; qu'il les fasse siennes, et que s'il ne les accepte pas, le concours universel de toutes les volontés et de tous les intérêts les lui impose. Ainsi se trouverait réalisé ce beau rêve que toutes les sociétés de la paix poursuivent depuis leur création, l'arbitrage et les neutralisations succédant à la force brutale et à la conquête!

Paris — Imprimerie C. PARISET, 101, rue Richelieu.

www.ingramcontent.com/pod-product-compliance
Lightning Source LLC
Chambersburg PA
CBHW051329060726
47596CB00004B/1538